Manual y Oraciones para la Asociación de

Auxilium Christianorum

Con Aprobación Eclesiástica
Copyright © 2017 Auxilium Christianorum

De la Introducción del Manual y Oraciones de la Asociación del Auxilium Christianorum

La Iglesia nos enseña que está dividida en La Iglesia Triunfante (que incluye los miembros de la Iglesia en el Cielo), La Iglesia Purgante (esta incluye los miembros de la Iglesia que se encuentran en el purgatorio) y La Iglesia Militante (esto se refiere a esos miembros de La Iglesia aún vivos en este mundo). Porque somos parte de La Iglesia Militante, estamos en una guerra espiritual y esta guerra espiritual requiere que reconozcamos, como San Pablo nos enseña que "nuestra lucha no es contra sangre y carne sino contra los principados, contra las potestades, contra los poderes mundanos de estas tinieblas, contra los espíritus de la maldad en lo celestial" (Efesios 6:12).

Los miembros de Auxilium Christianorum deben siempre tener en cuenta la realidad de su estado como miembros de la Iglesia viviendo en este mundo. A pesar de las enseñanzas de San Pablo, muchos Católicos no toman en serio su obligación de guerrear contra las fuerzas demoníacas. Por esta razón se fundó Auxilium Christianorum.

Propósitos principales de esta asociación son:

1. Proveer oraciones por aquellos sacerdotes asociados a Auxilium Christianorum, con el fin de que su apostolado de arrojar a los demonios sea eficaz.
2. Proveer oraciones para la protección de los sacerdotes, miembros de la asociación, sus familias y amistades para que no sean afectados adversamente por lo demoníaco.

Requisitos de sus Miembros

Requisitos de los miembros del Auxilium Christianorum son los siguientes:

1. Antes de llegar a ser miembro del Auxilium Christianorum, se le exhorta fuertemente al laico que consulte a su director espiritual o a su confesor.
2. Deben procurar llevar una vida habitual de gracia santificante, siempre deseando de nunca caer en estado de pecado mortal y de evitar todo pecado venial intencional.
3. Los miembros deben de procurar continuamente aumentar y perfeccionar su vida de oración, la cual incluye, no solamente las oraciones verbales que son requeridas (ver la sección de oraciones), sino también una vida constante de meditación, la cual es muy eficaz para expulsar lo diabólico y evitar la opresión demoniaca.
4. Rezar el rosario diariamente. La intención del Rosario puede ser por cualquier intención y no necesita ser ofrecida solamente por las necesidades del Auxilium Christianorum.
5. Los miembros deben cumplir los requisitos diarios de las oraciones verbales contenidas aquí, teniendo como intención los propósitos principales de esta asociación. Los miembros deben hacer uso frecuente de los sacramentales conocidos para contrarrestar y expulsar lo demoníaco.
6. Los miembros deben empeñarse en mantener las palabras de San Pablo en sus corazones de que ya que combatimos contra principados y potestades (es decir contra lo demoníaco), tendrán que procurar la mansedumbre y la humildad en relación con su prójimo, no atacando en cólera o en vindicación, sino procurando desarraigar cualquiera influencia demoníaca según su estado de vida. Esto incluye el uso de la "Oración de Atadura" (Binding Prayer) según los principios auténticos del Catolicismo, evitando cualquier forma de superstición, ya sea en su vida cotidiana o cuando se ponen en guerra contra espíritus malignos. Esto quiere decir, que el uso de las oraciones aquí contenidas o cualquier

oración para expulsar lo demoníaco será siempre subordinado a los principios auténticamente del Catolicismo y siempre serán hechos con devoción y fe.

7. Los miembros tendrán que esforzarse en aumentar su devoción a Nuestra Señora bajo la advocación de Virgo Potens (Virgen, La Más Poderosa).

8. Cada miembro tendrá que aumentar su devoción a su Ángel de la Guarda.

9. Cuando sea económicamente posible, cada miembro de Auxilium Christianorum deberá mantener estatuas de Nuestra Señora y de San Miguel en su hogar, ante cual una veladora debe ser encendida.

10. Los miembros de la asociación deben ser conscientes de que ninguno de estos requisitos está bajo pena de pecado.

Oraciones Diarias Ofrecidas por los Miembros de Auxilium Christianorum

Oraciones para dichas cada día:

V. **Nuestro auxilio es en el nombre del Señor.**
R. **Que hizo el cielo y la tierra.**

Amabilísima Virgen María, tu que aplastas la cabeza de la serpiente, protégenos de la venganza del maligno. Te ofrecemos nuestras oraciones, sufrimientos y buenas obras, para que tú las purifiques, las santifiques y las presentes a tu Hijo como una ofrenda perfecta. Que esta ofrenda sea dada para que los demonios que influencian o que buscan influir a los miembros del Auxilium Christianorum no reconozcan el origen de su expulsión y de su ceguera. Enceguécelos para que no reconozcan nuestras buenas obras. Enceguécelos para que no sepan contra quien vengarse. Enceguécelos para que reciban la sentencia justa de sus obras. Cúbrenos con la Sangre Preciosa de tu Hijo para que podamos gozar de la protección que brota de su Pasión y Muerte. Amen.

Deberá rezarse la Oración a San Miguel Arcángel, la Oración al Ángel de la Guarda, el Padre Nuestro, el Ave María y el Gloria.

Letanía a La Preciosísima Sangre de Nuestro Señor Jesucristo

Señor, ten piedad de nosotros.
Cristo, ten piedad de nosotros.
Señor, ten piedad de nosotros.
Cristo, óyenos.

Cristo, escúchanos.

Dios Padre celestial, ten piedad de nosotros.
Dios Hijo, Redentor del mundo, ten piedad de nosotros.
Dios Espíritu Santo, ten piedad de nosotros.
Santísima Trinidad, que sois un solo Dios, ten piedad de nosotros.

Sangre de Cristo, del Unigénito del Padre, Sálvanos.
Sangre de Cristo, del Verbo de Dios encarnado, Sálvanos.
Sangre de Cristo, del Testamento Nuevo y Eterno, Sálvanos.
Sangre de Cristo, derramada sobre la tierra en la agonía, Sálvanos.
Sangre de Cristo, vertida copiosamente en la flagelación, Sálvanos.
Sangre de Cristo, brotada en la coronación de espinas, Sálvanos.
Sangre de Cristo, derramada en la cruz, Sálvanos.
Sangre de Cristo, prenda de nuestra salvación, Sálvanos.
Sangre de Cristo, sin la cual no hay perdón, Sálvanos.
Sangre de Cristo, bebida eucarística y refrigerio de las almas, Sálvanos.
Sangre de Cristo, manantial de misericordia, Sálvanos.
Sangre de Cristo, vencedora de los demonios, Sálvanos.
Sangre de Cristo, fortaleza de los mártires, Sálvanos.
Sangre de Cristo, fuerza de los confesores, Sálvanos.
Sangre de Cristo, que engendra vírgenes, Sálvanos.
Sangre de Cristo, socorro en el peligro, Sálvanos.
Sangre de Cristo, alivio de los afligidos, Sálvanos.
Sangre de Cristo, solaz en las penas, Sálvanos.
Sangre de Cristo, esperanza del penitente, Sálvanos.

Sangre de Cristo, consuelo del moribundo, Sálvanos
Sangre de Cristo, paz y ternura para los corazones, Sálvanos.
Sangre de Cristo, promesa de vida eterna, Sálvanos.
Sangre de Cristo, que libras a las almas del purgatorio, Sálvanos.
Sangre de Cristo, dignísima de toda gloria y honor, Sálvanos.

Cordero de Dios, que quitas el pecado del mundo, Perdónanos, Señor.
Cordero de Dios, que quitas el pecado del mundo, Escúchanos, Señor.
Cordero de Dios, que quitas el pecado del mundo, Ten piedad de nosotros.

V. ¡Oh Señor, nos has redimido en tu sangre!
R. Y nos hiciste reino de nuestro Dios.

Oremos
Omnipotente y Sempiterno Dios, que constituiste a tu Hijo Unigénito Redentor del mundo, y que te es grato reconciliarte con nosotros a través de Su Sangre: te suplicamos nos concedas que veneremos con solemne adoración el precio de nuestra Redención, que por su virtud seamos preservados en la tierra de los males de la vida presente, para que gocemos en el Cielo de su fruto eterno. Por el mismo Cristo Nuestro Señor.
R. **Amén.**

Día Domingo:
Oh Gloriosa Reina del Cielo y de la Tierra, Virgen, Virgen Poderosísima, tu que tienes el poder de aplastar la cabeza de la serpiente antigua con tu talón, ven y ejerce este poder que fluye de la gracia de tu

Inmaculada Concepción. Protégenos bajo tu manto de pureza y de amor, atráenos hacia la dulce morada de tu corazón, aniquila y rinde impotente esas fuerzas que se inclinan a destruirnos. Ven, Ama Soberana de los Santos Ángeles y Ama del Santo Rosario, tú que desde el principio haz recibido de Dios el poder y la misión de aplastar la cabeza de Satanás. Envíanos tus Santas Legiones, humildemente te suplicamos, para que, bajo tu mando y tu poder, puedan perseguir los a espíritus malignos, rodearlos por todos lados, resistir sus ataques atrevidos y arrojarlos lejos de nosotros sin hacer dañando a ninguno a su paso, atándolos al pie de la Cruz para ser juzgados y sentenciados por Jesucristo tu Hijo y ser dispuestos por Él según su Voluntad.

San José, Patrón de la Iglesia Universal, ven en nuestro auxilio en esta grave batalla contra las fuerzas de la oscuridad, rechaza los ataques del demonio y libra a los miembros del Auxilium Christianorum y a todos aquellos por quienes rezan los sacerdotes del Auxilium Christianorum de las fortalezas del enemigo.

San Miguel, llama a la corte celestial entera a unir sus fuerzas en esta batalla feroz contra los poderes del infierno. ¡Ven, Oh Príncipe del Cielo! con tu gran espada y arroja al infierno a Satanás y a todos los demás espíritus malignos. Oh Ángeles de la Guarda, guíennos y protéjannos. Amen

Día Lunes:
Señor Jesucristo, te suplicamos que cubras nuestras familias, y todas nuestras posesiones con tu amor y con tu Preciosísima Sangre y rodéanos con tus Ángeles Celestiales, Santos y el manto de Nuestra Santa Madre. Amen.

Día Martes:
Señor Jesucristo, te imploramos la gracia de permanecer protegidos bajo el manto protector de María, rodeados por la Santa Zarza de la cual fue tomada la Santa Corona de Espinas, y cual fue saturada con tu Preciosísima Sangre en el poder del Espíritu Santo, con nuestros Ángeles de la Guarda, para la mayor gloria del Padre. Amen.

Día Miércoles:
En el Nombre de Jesucristo, Nuestro Señor y Dios, te pedimos que rindas impotentes, paralizados e inefectivos a todos los espíritus que intenten tomar venganza contra cualquier miembro del Auxilium Christianorum, nuestras familias, amistades, comunidades, aquellos que ruegan por nosotros y a los miembros de sus familias o cualquier persona asociada con nosotros y por quienes rezan los sacerdotes del Auxilium Christianorum. Te pedimos que ates a todos los espíritus malignos, a todas las potestades en el aire, en el agua, en la tierra, en el fuego, bajo la tierra o dondequiera que ejerzan sus poderes, cualquier fuerza satánica en la naturaleza y todos los emisarios de la sede satánica. Te pedimos que ates en tu Preciosísima Sangre todos los atributos, aspectos y características, interacciones, comunicaciones y juegos engañosos de los espíritus malignos. Te pedimos que rompas cualquier y todas las cadenas, lazos y enlaces en el Nombre del Padre, y del Hijo y del Espíritu Santo. Amén.

Día Jueves:
Mi Señor, tu eres Todopoderoso, tu eres Dios, tu eres mi Padre. Te rogamos por la intercesión y ayuda de los

Santos Arcángeles Miguel, Rafael, y Gabriel por la liberación de nuestros hermanos y hermanas que están esclavizados por el maligno. Que todos los Santos y Santas del Cielo, vengan en nuestra ayuda.

De toda ansiedad, tristeza y obsesiones - Te suplicamos, líbranos Señor.
De odios, fornicación y envidia - Te suplicamos, líbranos Señor.
De pensamientos de celos, rabia muerte - Te suplicamos, líbranos Señor.
De todo pensamiento de suicidio y aborto - Te suplicamos, líbranos Señor.
De toda forma de sexualidad pecaminosa - Te suplicamos, líbranos Señor.
De toda división dentro de nuestra familia, y amistades dañinas - Te suplicamos, líbranos Señor.
De toda clase de hechizos, maldición, brujería y toda forma de lo oculto - Te suplicamos, líbranos
Señor.
Tu que dijiste, "Mi paz les dejo, Mi paz les doy" concédenos que, por la intercesión de la Virgen María, seamos liberados de toda influencia demoniaca y disfrutar siempre de tu paz. En el Nombre de Cristo, Nuestro Señor. Amen

Día Viernes:

Letanías de la Humildad

Jesús, manso y humilde de Corazón, Escúchame
Del deseo de ser lisonjeado, Líbrame, Jesús.
Del deseo de ser amado, Líbrame, Jesús.
Del deseo de ser alabado, Líbrame, Jesús.
Del deseo de ser honrado, Líbrame, Jesús.
Del deseo de ser adulado, Líbrame, Jesús.

Del deseo de ser preferido a otros, Líbrame, Jesús.
Del deseo de ser consultado, Líbrame, Jesús.
Del deseo de ser aprobado, Líbrame, Jesús.
Del temor de ser humillado, Líbrame, Jesús.
Del temor de ser despreciado, Líbrame, Jesús.
Del temor de ser reprendido, Líbrame, Jesús.
Del temor de ser calumniado, Líbrame, Jesús.
Del temor de ser olvidado, Líbrame, Jesús.
Del temor de ser puesto en ridículo, Líbrame, Jesús.
Del temor de ser injuriado, Líbrame, Jesús.
Del temor de ser juzgado con malicia, Líbrame, Jesús.
Que otros sean más amados que yo, Jesús, dame la gracia de desearlo.
Que otros sean más estimados que yo, Jesús, dame la gracia de desearlo.
Que otros crezcan en la opinión del mundo y yo me eclipse, Jesús, dame la gracia de desearlo.
Que otros sean elegidos y de mí no se haga caso, Jesús, dame la gracia de desearlo.
Que otros sean elogiados, y yo pase desapercibido, Jesús, dame la gracia de desearlo.
Que otros sean preferidos a mí en todo, Jesús, dame la gracia de desearlo.
Que los demás sean más santos que yo con tal que yo sea todo lo santo que pueda, Jesús, dame la
gracia de desearlo.

Día Sábado:
Oh Dios y Padre de Nuestro Señor Jesucristo, clamamos a tu Nombre Santo y humildemente suplicamos tu clemencia, que por la intercesión de la Inmaculada Siempre Virgen, Nuestra Madre María, y del glorioso Arcángel San Miguel nos concedas socorrernos contra Satanás y todos los demás espíritus impuros que vagan por el mundo como peligro

inminente para el ser humano y para perdición de las almas. Amen.

Conclusión para Cada Día
Augusta Reina de los Cielos, Celestial Soberana de los Ángeles, tú que desde el principio has recibido de Dios el poder y la misión de aplastar la cabeza de Satanás, humildemente te suplicamos que envíes tus legiones, para que bajo tu mando y por tu poder, persigan a los demonios y los combatan donde quiera que se encuentren, suprimiendo sus audacias, y los arrojen al abismo. ¡Oh buena y tierna Madre, siempre serás nuestro amor y esperanza! ¡Oh Divina Madre! envía tus Santos Ángeles a defendernos y a expulsar lejos de nosotros al enemigo cruel. Santos Ángeles y Arcángeles, defiéndanos y guárdenos. Amen

Sacratísimo Corazón de Jesús, ten piedad de nosotros.
María, Auxilio de Cristianos, Ruega por nosotros.
Virgen La Más Poderosa, Ruega por nosotros.
San José, Ruega por nosotros.
San Miguel Arcángel, Ruega por nosotros.
Todos los Santos Ángeles, Rueguen por nosotros.

En el Nombre del Padre, del Hijo y del Espíritu Santo. Amen.

Exordium

Ecclesia nos docet quod ipsa in Ecclesia Triumphans (complectens membra Ecclesiæ quæ sunt in cœlo), Sufferens (complectens membra Ecclesiæ quæ sunt in purgatorio) et Militans (intimans ista membra quæ in hoc mundo versantur) divisa est. Cum enim pars Ecclesiæ Militantis essemus, certemus in bello spirituali et hoc deposcit nos ut agnoscamus, sicut Apostolus docuit, "Quoniam non est nobis colluctatio adversus carnem et sanguinem, sed adversus principes, et potestates, adversus mundi rectores tenebrarum harum, contra spiritualia nequitiæ, in cælestibus." (Eph. 6:12).

Oportet autem Membra Auxilii Christianorum ut semper realitatem status eorum prout membra Ecclesiae viventium in mundo in animo habeant. Adquin sententia Apostoli, plurimi Catholici non munus suum ad bellum gerendum contra hostes demonicos serio suscipiuntur, propterea enim Sodalitas Auxilii Christianorum condita est.

Sodalitatis fines principales hujus sint:

1. Ad preces providendas sacerdotibus adscitis cum Auxilio Christianorum quin apostolatus eorum efficax sit in expellendis dæmonibus.

2. Ad preces ornandas ut sacerdotes, membra Sodalitatis familiæque custodiantur et non inutiliter adficiantur à dæmonibus.

Obligationes Membrorum

Obligationes membrorum Auxilii Christianorum sunt:

1. Antequam fiunt membra Auxilii Christianorum, laici enixe monentur ut se ad confessoremvel rectorem spiritualem conferant;

2. Necesse est eis agere vitam habitualem gratiæ sanctificantis, numquam velint in peccatum letale labi mortalem et semper vitent omne peccandi propositum venialem.

3. Jugiter, oportet membra petere incrementum et perfectionem orationis habitualis; quæ amplectitur non solum preces vocales quæ infra continentur et obligatoriæ sunt, sed etiam vitam crebrae constantis meditationis; cum valeat ad detrudendam demonicam et vitandum maleficium dæmonicum.

4. Orare Rosarium cotidianum. Intentio Rosarii qualiscumque sit et non necesse est ei offerri ad fines Auxilii Christianorum;

5. Oportet membra implére obligationes cotidianas precium vocalium quæ infra continentur cum finibus principalibus hujus Sodalitatis pro intentione. Oportet membra frequentare sacramentalia arcendi potestate expellendique dæmones nota.

6. Membra certent servare verba Apostoli in cordibus suis cum pugnemus contra principalitates potentiasque, id est contra dæmonicam, certent esse mitia et humilia ex parte proximi sui, et numquam adflictent ex irâ et ultione, sed petant convellere opem dæmonicam secundum statum vitæ

suæ. Hoc continet usum precium ligantium secundum principia authentica Catholica et vitationem ullæ superstitionis num sit in versante cotidianâ vel in gerendo bellum contra spiritus malignos. Hoc significat usum precium infra contentorum aut aliæ precis ad dæmonicam expellendam semper debeant subire principia authentica Catholica et fiant cum devotione fideque.

7. Membra debeant certare augére devotionem suam Beatæ Mariæ Virgini sub titulo Virginis Potentis.

8. Singuli debeant certent augére devotionem suam custodi Angelo sui.

9. Cum possibilis sit ex parte ærarii, omnia membra Auxilii Christianorum debent obtinére signa Beatæ Virginis Mariæ et Sanctus Michælis pro domu sua, quibus cereas votivas ferventes antepositas.

10. Membra Sodalitatis debeant tam certiorari ut agnoscant nullam obligationium ligat poenâ peccati.

Preces Cotidianæ Oblatæ pro Membris Auxilii Christianorum

Preces sunt cotidie dicendae

V. **Audjutorium ✠ nostrum in nomine Domine.**
R. **Qui fécit cælum et terram.**

O Piisima Virgo Maria, quæ caput serpentis contrivisti, protege nos a vindicta mali. Offerimus tibi dolores, bona, operaque ut ea purifices, sanctifices et largiaris Filio tuo sicut oblationem perfectam. Hæc oblatio fit ne dæmonia qui afficere membra Auxilii Christianorum petunt cognoscant originem expulsionis et cæcitatis suae. Cæca eos ne nostra opera bona cognoscant. Cæca eos ne cognoscant quos ulcantur. Cæca eos ut sententiam iustam operum suorum suscipiant. Operi nos sanguine pretioso Filii tui ut protectione quæ ab Passione Morteque ejus fluit fruamur. Amen.

SANCTE Michæl Archangele, defende nos in proelio, contra nequitiam et insidias diaboli esto præsidium. Imperet illi Deus, supplices deprecamur: tuque, Princeps militiæ cælestis, Satanam aliosque spiritus malignos, qui ad perditionem animarum pervagantur in mundo, divina virtute, in infernum detrude. Amen.

ANGELE Dei, qui custos es mei, Me tibi commissum pietate superna; Hac nocte (die) illumina, custodi, rege, et guberna. Amen.

PATER NOSTER, qui es in cælis, sanctificetur nomen tuum. Adveniat regnum tuum. Fiat voluntas tua, sicut in cælo et in terra. Panem nostrum quotidianum da nobis hodie, et dimitte nobis debita nostra sicut et nos dimittimus debitoribus nostris. Et ne nos inducas in tentationem, sed libera nos a malo. Amen.

AVE MARIA, gratia plena, Dominus tecum. Benedicta tu in mulieribus, et benedictus fructus ventris tui, Iesus. Sancta Maria, Mater Dei, ora pro nobis peccatoribus, nunc, et in hora mortis nostræ. Amen.

GLORIA Patri, et Filio, et Spiritui Sancto. Sicut erat in principio, et nunc, et semper, et in sæcula sæculorum. Amen.

Litaniæ Pretiosissimi Sanguinis Domini Nostri Iesu Christi

Kyrie, eleison.
Christe, eleison.
Kyrie, eleison.
Christe, audi nos.
Christe, exaudi nos.
Pater de cælis, Deus, *miserere nobis.*
Fili, Redemptor mundi, Deus, *miserere nobis.*
Spiritus Sancte, Deus, *miserere nobis.*
Sancta Trinitas, unus Deus, *miserere nobis.*
Sanguis Christi, Unigeniti Patris æterni, *salva nos.*
Sanguis Christi, Verbi Dei incarnati, *salva nos.*
Sanguis Christi, Novi et Æterni Testamenti, *salva nos.*
Sanguis Christi, in agonia decurrens in terram, *salva nos.*
Sanguis Christi, in flagellatione profluens, *salva nos.*
Sanguis Christi, in coronatione spinarum emanans, *salva nos.*
Sanguis Christi, in Cruce effusus, *salva nos.*
Sanguis Christi, pretium nostræ salutis, *salva nos.*

Sanguis Christi, sine quo non fit remissio, *salva nos.*
Sanguis Christi, in Eucharistia potus et lavacrum animarum, *salva nos.*
Sanguis Christi, flumen misericordiæ, *salva nos.*
Sanguis Christi, victor dæmonum, *salva nos.*
Sanguis Christi, fortitudo martyrum, *salva nos.*
Sanguis Christi, virtus confessorum, *salva nos.*
Sanguis Christi, germinans virgines, *salva nos.*
Sanguis Christi, robur periclitantium, *salva nos.*
Sanguis Christi, levamen laborantium, *salva nos.*
Sanguis Christi, in fletu solatium, *salva nos.*
Sanguis Christi, spes poenitentium, *salva nos.*
Sanguis Christi, solamen morientium, *salva nos.*
Sanguis Christi, pax et dulcedo cordium, *salva nos.*
Sanguis Christi, pignus vitæ æternæ, *salva nos.*
Sanguis Christi, animas liberans de lacu Purgatorii, *salva nos.*
Sanguis Christi, omni gloria et honore dignissimus, *salva nos.*
Agnus Dei, qui tollis peccata mundi, *parce nobis, Domine.*
Agnus Dei, qui tollis peccata mundi, *exaudi nos, Domine.*
Agnus Dei, qui tollis peccata mundi, *miserere nobis, Domine.*
V. **Redimisti nos, Domine, in sanguine tuo.**
R. **Et fecisti nos Deo nostro regnum.**

Oremus.
Omnipotens sempiterne Deus, qui unigenitum Filium tuum mundi Redemptorem constituisti, ac eius sanguine placari voluisti: concede, quæsumus, salutis nostræ pretium ita venerari, atque a præsentis vitæ malis eius virtute defendi in terris, ut fructu perpetuo lætemur in cælis. Per eundem Christum Dominum

nostrum. Amen.

Dominica

O Gloriosa Regina Cœli et terræ, Virgo Potens, quæ habuisti contere caput serpentis antiqui calcaneo tuo, veni et utere hac potentiâ ab gratiâ Immaculatæ Conceptionis tuæ fluente. Tege nos sub amictu puritatis et dilectionis tuæ, trahe nos in dulcem domicilliam cordis tui; dele atque rende hostes impotentes ecfatos adnullare nos. Veni, Superana Domina Sanctorum Angelorum et Domina Sacratissimæ Rosariæ, quæ ab initio recepisti potentiam et missionem à Deo ad caput Satanæ conterendum. Emitte, supplices quæsumus, sanctas legiones tuas ut te imperante et cum potentiâ tuâ persequantur spiritus malignos, undique compescant, repelle audaces impetus eorum et procul a nobis expellant eos, nocentes nulli in via, ligantes eos juxta pedem Crucis judicari et sententiam ferri ab Jesu Christo, Filio tuo atque disponi ad libitum suum.

Sancte Joseph, Patronus Universalis Ecclesiæ, veni fer nobis auxilium contra potentias tenebrarum, repelle impetús diaboli et libera membra Auxilii Christianorum, et eos quibus sacerdotes ejusdem Sodalitatis orarent, à robore hostis.

Sancte Michæle, invoca totam cohortem coelestem ut commitant potentias suas in hoc prœlio feroce contra vires inferi. O Custodes Angeli, dirigite et protegite nos. Amen.

Feria II

Domine Jesu Christe, oramus ut tu tegeas nos, familias, et omnes possessiones nostras cum dilectione et Pretiosissimo Sanguine tuo et circumdes nos cum Angelis cælestis, Sanctis et amictu Benedictæ Matris Nostræ. Amen.

Feria III

Domine Jesu Christe, quæsumus te pro gratiâ ut remaneamus tuti in tutela amictús Mariæ, circumdati cum rubo sancto ex quo sancta corona spinarum facta est et intincta est Pretiossimo Sanguine Tuo et Angelis Custodibus in potentia Sancti Spiritus, ad majorem Patris gloriam. Amen.

Feria IV

In Nomine Jesu Christi, Domini et Dei nostri, Te deprecamur efficere omnes spiritús esse impotentes, paralyticos, debiles in conatu ulcisci in ulla membra Auxilii Christianorum, familias, amicos, communitates eorum, pro nobis orantes familiasque illorum vel quicumque additus nobis et quibus sacerdotes Auxilii Christianorum orarent. Ligamus omnes spiritus malignos, omnes potentias in aëre, aquâ, terrâ, igne, sub terrâ vel ubicumque viribus suis utantur, et ullam copiam satanicam in naturâ et ullos emissarios pretorii satanici. Ligamus, in Pretiosissimo Sanguine Jesu, omnes attributa, idos, vulticulos, adjuncta, interactiones ludusque dolosos spirituum malignorum. Fregimus ulla et omnia ligamina, et adplicationes in nomine Patris, et Filii ✠ et Spiritus Sancti. Amen.

Feria V

Omnipotens Deus, Pater, te quæsumus pro redemptionem fratrum sororumque quos a malo addictos esse per intercessionem et adjutorium Archangelorum Sanctorum Michæl, Raphæl et Gabriel.
Omnes Sancti Cœli, ferte nobis auxilium.
Ab anxietate, mæstitiâ et obsessionibus —Te rogamus libera nos Domine.
Ab odio, fornicatione et invidiâ — Te rogamus, libera nos Domine.
A cogitationibus zelotypiæ, furoris et mortis—Te rogamus, libera nos Domine.
Ab omni cogitatione suicidii et abortionis — Te rogamus, libera nos Domine.
Ab omni specie complexús peccabilis venerii — Te rogamus libera nos Domine.
Ab omni divisione in familiâ nostrâ, et omni amicitate nocivâ, — Te rogamus libera nos Domine.
Ab omni genere incantationis, maleficii, artis magicæ et omni genere occulti — Te rogamus libera nos Domine.
Da, qui dixisti "Pacem relinquo vobis, pacem meam do vobis", per intercessionem Beatae Mariæ Virginis, ab omni contagione dæmonica libereamur et fruamur perenni pace tua. Per nomen Christi Domini nostri. Amen.

Feria VI

Litania Humilitatis

A desiderio, ut amer, *libera me, Domine.*
A desiderio, ut exalter, *libera me, Domine.*
A desiderio, ut honorer, *libera me, Domine.*

A desiderio, ut lauder, *libera me, Domine.*
A desiderio, ut aliis praeterear, *libera me, Domine.*
A desiderio, ut consular, *libera me, Domine.*
A desiderio, ut approber, *libera me, Domine.*
A timore, ne humilier, *libera me, Domine.*
A timore, ne spernar, *libera me, Domine.*
A timore, ne contemnar, *libera me Domine.*
A timore, ne calumniam feram, *libera me, Domine.*
A timore, ne oblivioni tradar, *libera me, Domine.*
A timore, ne irridear, *libera me, Domine.*
A timore, ne iniuriam accipiam, *libera me, Domine.*
A timore, ne suspiciar, *libera me, Domine.*
Ut magis alii amentur quam ego, *Iesu, da mihi gratiam ita desiderandi.*
Ut plus alii aestimentur quam ego, *Iesu, da mihi gratiam ita desiderandi.*
Ut alii extollantur in mundi existimatione, ego autem minuar, *Iesu, da mihi gratiam ita desiderandi.*
Ut alii eligantur, ego autem praeterear, *Iesu, da mihi gratiam ita desiderandi.*
Ut alii mihi in omnibus rebus praeferantur, *Iesu, da mihi gratiam ita desiderandi.*
Ut alii me, dum sanctus fieri debeam, sanctiores sint, *Iesu, da mihi gratiam ita desiderandi.*

Sabatto

Invoco Nomen Sanctum tuum, Deus et Pater Domini Nostri Jesu Christi, et clementiam tuam supplices deprecamur ut, nobis per intercessionem semper Virginis Mariæ Matris, et Sancti Michælis Archangeli gloriosi, digneris largiri auxilium contra satanam aliosque spiritus immundos qui pervagantur in mundo magno cum periculo generis humani et damno animarum. Amen.

Conclusio Cotidiana

Augusta Regina cœlorum, cœleste Superana Angelorum, quæ ab initio à Deo recepisti potentiam et missionem ad caput satanæ conterendum, supplices deprecamur te mittere tuas legiones sanctas, ut te imperante et potentiâ tuâ, ubique persequantur demonia et confligant eos, deprimant audacitatem et expellant eos in abysso. O bona et piissima Mater, semper amor et spes nostra eris! O Mater divina, mitte Sanctos Angelos tuos ad nos defendendos et longe hostem efferum expellendum. Sancti Angeli et Archangeli, defendite et custodite nos. Amen.

Cor Jesu Sacratissimum, *miserere nobis.*
Auxilium Christianorum, *ora pro nobis.*
Virgo Potens, *ora pro nobis.*
Sancte Joseph, *ora pro nobis.*
Sancte Michæl Archangele, *ora pro nobis.*
Omnes Sancti Angeli, *orate pro nobis.*

In nomine Patris, ✠ et Filii, et Spiritús Sancti. Amen.

Made in United States
North Haven, CT
15 September 2024